meet
China

透过文化细节，认识真实中国

认识中国

MEET CHINA · 56 ETHNIC GROUPS OF CHINA
中国有 56 个民族

郑茜 著

北京语言大学出版社
BEIJING LANGUAGE AND CULTURE
UNIVERSITY PRESS

©2015 北京语言大学出版社，社图号 14373

图书在版编目（CIP）数据

中国有 56 个民族 / 郑茜著 . -- 2 版 . -- 北京：北京语言大学出版社，2015.2（2022.10重印）
（认识中国）
ISBN 978-7-5619-4096-9

Ⅰ.①中... Ⅱ.①郑... Ⅲ.①中华民族 - 青少年读物 Ⅳ.① K28-49

中国版本图书馆 CIP 数据核字 (2015) 第 030855 号
本书图片主要来自 CFP 汉华易美、fotoe、全景视觉等图片库

中国有 56 个民族
ZHONGGUO YOU 56 GE MINZU

项目策划：上官雪娜	责任编辑：刘　芬
装帧设计：田　源	责任印制：周　燚

出版发行：**北京语言大学出版社**

社　　址：北京市海淀区学院路 15 号，100083
网　　址：www.blcup.com
电子信箱：service@blcup.com
电　　话：编辑部 8610-82303392
　　　　　发行部 8610-82303650/3591/3648（国内）
　　　　　　　　 8610-82303365/3080/3668（海外）
　　　　　读者服务部 8610-82303653
　　　　　网购咨询　8610-82303908
印　　刷：天津嘉恒印务有限公司

版　　次：2013 年 3 月第 1 版　　印　　次：2022 年 10 月第 7 次印刷
　　　　　2015 年 2 月第 2 版
开　　本：787 毫米 ×1092 毫米 1/16　印　　张：6.5
字　　数：82 千字　　　　　　　　　定　　价：42 元

PRINTED IN CHINA
凡有印装质量问题，本社负责调换。售后 QQ 号 1367565611，电话 010–82303590

前 言

"认识中国"是一套向青少年介绍中国基本文化主题的系列图文书。第一辑共9本,涉及中国地理、历史、民族、艺术、文学、科技、制度、思想等多个方面。首批图书均为宏观主题,撰写时尽量从青少年认知角度出发,以短小精悍的篇幅勾勒宏大文化脉络,遵循事物逻辑,详述原理推导,注重细节描述,从而实现以小见大的目的。我们反复打磨文字以做到言之有物,精挑细选图片以实现图片认知价值,努力做到知识性与趣味性相结合,期待以用心打造的图文世界为青少年读者们打开一扇认识中国文化的小窗,使其真正获得愉悦而美好的阅读体验。

《中国有56个民族》一书,开篇从中国人口的特点入手,接着带你完成一次奇妙的旅行,去感受不同民族丰富而有趣的习俗,然后告诉你56个民族如何在一个国家共同相处,中国有怎样独特的民族政策,最后为你呈现各具特色的少数民族服饰文化。不得不说,甚为遗憾的是,在这本几万字的小书里,我们只能"走马观花",无法展现所有民族的精彩。如果本书能让你感受到中华民族的多样性以及中华文化的包容性,并产生实地体验的强烈愿望,作为编者,我们就感到非常欣慰了。

"认识中国"项目组

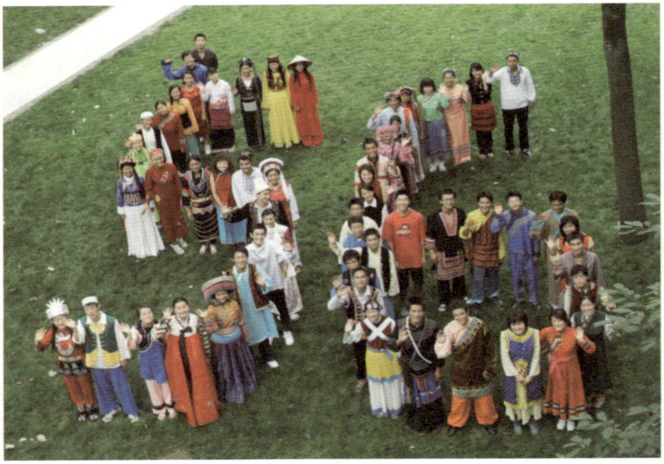

中国的人口特点 001
- 超级人口大国 002
- 56 个民族 004
- 语言和文字 008
- 宗教信仰 010
- 计划生育 012

中国民族之旅 015
- 滚雪球式的融合——汉族的形成 016
- 人口最多的少数民族——壮族 019
- 蜡染的发明者——布依族 022
- 大歌声声动人心——侗族 024
- 生活在佛寺与竹楼之间——傣族 027
- 农耕文明奇观的创造者——哈尼族 029
- 雪山古城的居民——纳西族 032
- 沸腾的火把节——彝族 034
- 七彩云南 036
- 寻找香格里拉 038
- 雪域高原的朝圣者——藏族 040
- 汤因比向往的新疆 043
- 激情木卡姆——维吾尔族 045
- 马背上的民族——蒙古族 047
- 家住北极圈边缘——鄂温克族与鄂伦春族 050
- 冲破长城的民族——满族 053
- 虔诚的穆斯林——回族 056
- 把历史穿在身上的民族——苗族 059
- 高山上的族群——高山族 062

把族徽文在脸上的民族——黎族 063
多元一体的中华民族 065

中国的民族区域自治 067
一部重要的法律 068
中国的民族自治地方 070
特鲁多眼中的中国民族政策 071
为什么中国的文明史从未断裂？ 072

中国少数民族服饰 075
因地制宜的材质 076
寓意丰富的色彩 078
工艺精湛的纹样 083
品类繁多的饰品 086

关键词索引 090

中国的人口特点

在本书的开篇,让我们先来看一组数据。俄罗斯,这个世界上面积最大的国家,拥有约 1708 万平方公里的领土,而它的人口仅为 1.43 亿。北美洲的两个大国,加拿大和美国,面积都将近 1000 万平方公里,但美国人口刚过 3 亿,加拿大则更是人烟稀少,仅为 0.35 亿。再看位于南半球的巴西和澳大利亚,这两个国家的面积都不小,但巴西的人口才 2.01 亿,澳大利亚则只有 0.23 亿。与这几个面积较大的国家相比,位于亚洲的印度和中国的人口状况则呈现出完全不同的面貌,总人口都超过了 10 亿。印度由于面积不到 300 万平方公里,在人口密度上超过了中国;但从人口总量来说,拥有 13.71 亿人口的中国绝对是世界第一人口大国。

经过这样的对比,你可能不免会提出这样的疑问:中国为什么会有这么多人口?拥有这么多人口的国家会有怎样的特点?人们是怎样相处的?这些正是我们所要解答的问题。

超级人口大国

"中国为什么会有这么多人口?",我们先来回答这个问题。实际上,并不是今天才如此,很早以前中国就已经是世界第一人口大国了。最迟在公元 12 世纪时,中国的人口就达到了一个惊人的水平——1 亿,而当时世界总人口还不到 4 亿。实际上,直到今天,全世界人口超过 1 亿的国家也不过 11 个。

不过有调查称,中国很快就不再是"世界上人口最多的国家"了,到 2025 年,印度的人口将会超过中国。

下面几幅图展示了今天中国 13.71 亿人口的构成。

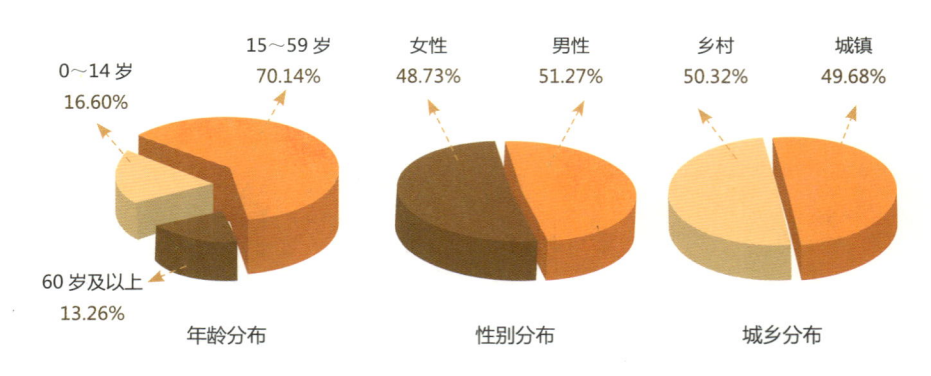

0～14 岁 16.60%
15～59 岁 70.14%
60 岁及以上 13.26%
女性 48.73%
男性 51.27%
乡村 50.32%
城镇 49.68%

年龄分布　　性别分布　　城乡分布

2010 年中国第六次全国人口普查主要数据

图中显示,中国约 70% 的人口在 15～59 岁之间,表明中国有丰富的劳动力资源。但另一方面,中国 60 岁及以上的人口超过总人口的 13%,而世界老龄化社会的标准为 10%,这表明中国已经进入老龄化社会。

我们看到，中国人口中的男性人口所占比例略高于女性，男女总人口性别比（以女性为100，男性对女性的比例）大体为105∶100。不过这个比例仍属于正常范围，并未出现所谓男女比例失调的现象。

从上图我们还可以看到，中国的城镇化率不足50%，这与城镇化率高达80%的发达国家相比，仍有很大差距。但是如果你知道1980年的时候，中国城镇化率仅有19.4%的话，你就会惊讶于这30年来中国的经济增长速度及发生的巨大变化了！

中国人口分布很不均衡，东部地区人口非常密集，西部地区人口却很稀少。其实，这与中国的地形是密切相关的：中国的地形西高东低，西部多高原和山地，环境恶劣，交通不便，所以人口稀少；东部多丘陵和平原，气候温和，土壤肥沃，交通便利，所以人口稠密。

现在，我们已经了解了中国人口的一些基本特征：数量庞大，分布不均，总体呈现老龄化。实际上，除了这些以外，人口素质偏低也是中国人口的特点之一。目前中国只有不到10%的人口接受过大学教育，64%左右的中国人只具有小学和初中文化水

每10万中国人中拥有大学文化程度人口（人）

- 1964年 416
- 1982年 615
- 1990年 1422
- 2000年 3611
- 2010年 8930

平。虽然中国正在努力改变这种现状，但庞大的人口基数使这种改变需要花费比别的国家更长的时间。

20世纪50年代初妇女们参加扫盲学习，当时中国的文盲率高达80%，到2010年，这一数字已降到4.08%。

56个民族

有关中国人口的另一项重要统计是民族构成。下一页图中的每一组人，都代表一个民族。如果你没数错的话，应该是56组人，他们代表了中国的56个民族。

实际上，中国各民族人口的分布可并不像上图那样均衡、规整，而是呈现大杂居、小聚居、交错居住的特点。尤其是除汉族之外的55个

汉族	壮族	满族	回族	苗族	维吾尔族	土家族	彝族	
蒙古族	藏族	布依族	侗族	瑶族	朝鲜族	白族	哈尼族	
哈萨克族	黎族	傣族	畲族	傈僳族	仡佬族	东乡族	拉祜族	
水族	佤族	纳西族	羌族	土族	仫佬族	锡伯族	柯尔克孜族	
达斡尔族	景颇族	毛南族	撒拉族	布朗族	塔吉克族	阿昌族	普米族	
鄂温克族	怒族	京族	基诺族	德昂族	保安族	俄罗斯族	裕固族	
乌孜别克族	门巴族	鄂伦春族	独龙族	塔塔尔族	赫哲族	高山族	珞巴族	

中国的人口特点

少数民族，分布十分广泛，主要集中在中国西部及边疆地区。其中，中国民族成分最多的云南省，生活着 25 个少数民族。

2014 年端午节前，云南普洱举办少数民族包团圆大粽子比赛，最大的粽子重达 5.78 公斤。

少数民族 8.49%
汉族 91.51%

中国人口的民族构成

中国的 56 个民族不仅地区分布不均衡，而且人口总数也不均衡。其中人口最多的民族约有 12.26 亿人，占中国人口总数的 91.51%，它就是"汉族"。因为汉族占了中国人口的绝大多数，所以其他 55 个民族被称为"少数民族"。不过，虽然称为"少数民族"，这 55 个民族的人口加起来也近 1.14 亿。这个数字已经大大超过了世界上绝大多数国家的人口总数了。

中国有 56 个民族

在少数民族内部，人口数字也非常有趣。人口最少的少数民族是珞巴族，他们的人数不到 4000 人；人口最多的少数民族是壮族，他们的人数超过 1600 万，是珞巴族的 4000 多倍！

壮族　　　　　　　　　珞巴族

超过 1600 万人　→　不到 4000 人

4000 多倍

语言和文字

假如中国的每一个民族都拥有一种语言,这个国家的语言就已经多达 56 种了。事实上,一些民族还拥有两种甚至更多种语言,所以,目前一般认为中国约有 80 多种语言。那么,使用不同语言的民族之间如何相互交流呢?

为了解决这个问题,中国确定了一种全国通用的标准语——汉语普通话。汉语是人口最多的汉族使用的语言,但它也只是汉语各种方言的一种统称。虽然人们把汉语分成了七个方言区,但方言的实际情况要复杂得多,有的地方隔一个村子人们就互相听不懂对方所说的话了。于是

不同民族语言中的"你好"

你好!　　　　ياخشىمۇسىز

汉族　　　　维吾尔族　　　　蒙古族

在 20 世纪 50 年代，中国政府确定了现代标准汉语——普通话，它以北方话为基础方言，以北京语音为标准音，以典范的现代白话文著作为语法规范。中国的电视台，无论是中央台还是地方台，传出的都是播音员标准的普通话。外国人来中国学习的汉语也主要指的是普通话。

类似的情况也存在于文字中。中国各民族的现行文字共有 50 多种，汉族的文字——汉字是全国通用的文字。

虽然规定了通用的语言和文字，但这并不意味着少数民族要放弃本民族的语言与文字。相反，中国的少数民族学生很多使用的都是印有本民族文字的课本，老师授课也大都使用本民族的语言。当然，他们同时也需要学习通用的普通话和汉字，这样才能方便与其他民族进行交流。

壮族

藏族

宗教信仰

道教

佛教

在中国，因为众多民族的存在，也逐渐形成了宗教信仰的多元化。

有人认为中国人没有宗教信仰，这是不正确的。事实上，中国现有各种宗教信徒1亿多人，宗教活动场所8.5万余处，宗教教职人员约30万人，宗教团体3000多个。此外，宗教团体还办有培养宗教教职人员的宗教院校70多所。

中国宗教徒信奉的宗教主要有5种。其中，道教是中国的本土宗教，已有1700多年历史；佛教、伊斯兰教、天主教和基督教（新教）则是在历史上先后传入中国的。

与汉族相比，中国的少数民族信仰宗教的现象更加普遍，比如藏传佛教至少被5个民族信奉，伊斯兰教的信奉者则有 10 个民族 2000 万人。另外，至少有 14 个少数民族，他们中的一部分群体是虔诚的天主教徒和基督教（新教）徒。

中国的宪法保障公民宗教信仰自由的权利，同时还规定，不论信众多少，各种宗教在政治和法律上一律平等。

伊斯兰教

天主教

基督教（新教）

中国的人口特点

计划生育

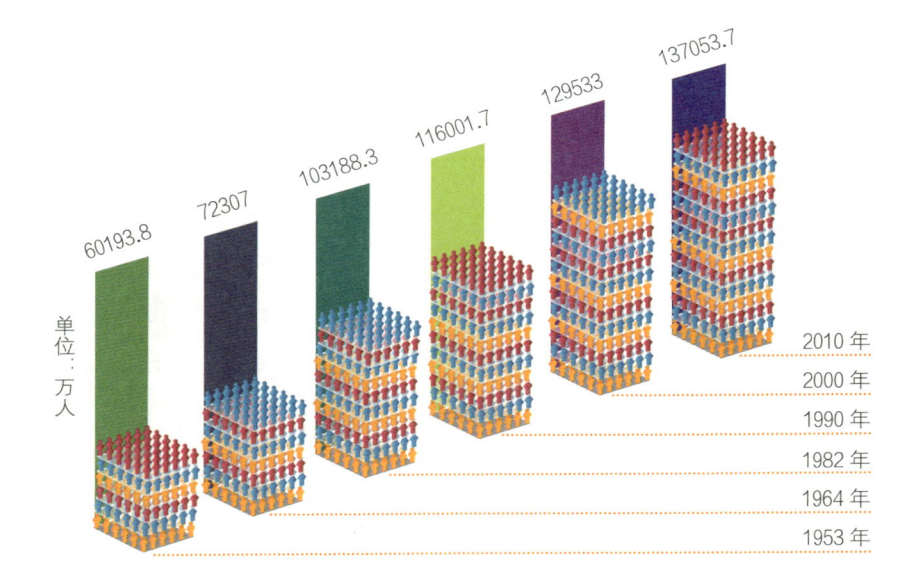

中国历次全国人口普查总人口

单位：万人

- 1953年：60193.8
- 1964年：72307
- 1982年：103188.3
- 1990年：116001.7
- 2000年：129533
- 2010年：137053.7

从这张中国历次全国人口普查数据图上，我们可以看到，20世纪50年代以来，中国的人口增长了一倍多。人口增长最迅速的时期，是20世纪60~70年代，20年内增加了近3亿人口。

因此，到20世纪70年代末，中国已经无法继续承受迅猛的人口增长了——日常生活用品出现了严重短缺，一家几代人住在狭小的房子里，公共汽车和火车上随时都人满为患……面对这样的压力，中国政府不得不宣布实行一项控制人口过快增长的政策——计划生育。

这张中国家庭全家福拍摄于 1966 年。那时在中国，一个家庭有三四个、甚至更多的孩子是非常普遍的现象。

20 世纪 90 年代初的中国城市，马路上人满为患，到处都是熙熙攘攘的自行车流。

计划生育的核心是"晚婚晚育，少生优生"。由于计划生育政策的实施，中国少出生了4亿多人口——这个数字比美国全国人口的总数还大。现在，随着人口急剧增加，我们居住的这个星球正面临着各种严峻的危机。中国在不得已的情况下主动控制自己的人口数量，从某种意义上讲，是对世界做出的贡献。

　　很多人认为，中国的计划生育就是每个家庭只允许生一个孩子，这并不正确。事实上，因为汉族人口最多，所以一般来说，鼓励汉族夫妻只生一个孩子；而对少数民族的政策却不同，因为他们在总人口中比例较小，所以可以生育更多的孩子。2013年，中国政府通过对现有人口结构的深度调查，慎重地放开了生育政策。从2014年起，一些符合条件的汉族家庭也可以生育两个孩子了。

中国民族之旅

中国有56个民族,因此绝对是一个多民族国家。也许你会觉得这并不独特,因为别的国家也有很多民族,比如美国。那么,中国和美国的情况一样吗?

答案是"不一样"。在美国,除了印第安人以外,其他民族都是哥伦布发现美洲大陆后,从别的地方迁移去的。这样,相对于后来的"移民",印第安人就被称为"土著民族"。而中国的各个民族,世代都生活在这片土地上。因此,在中国并不存在"土著民族"的说法。

当然,中国的民族结构也不是一开始就是这样的。随着中国历史的演变,各民族间经过了几千年的发展与融合,才形成了今天的格局。由于各民族长期以来不间断地相互交往、流动,因此中国的民族分布呈现出大杂居、小聚居、交错居住的特点。可以说,每个民族背后都有一段丰富多彩的故事。

滚雪球式的融合——汉族的形成

春节是汉族人重要的传统节日,时间一般在公历一二月份。汉族人过春节有很多习俗,比如贴春联、挂灯笼、放鞭炮、逛庙会等。

汉族约有 12.26 亿人,他们分布在中国各地。你可能会好奇,这个全世界人口最多的民族究竟是怎样形成的呢?我们可以用"滚雪球"来形容汉族的形成过程。

最初,这个"雪球"的核心——华夏族,出现在距今 3000 多年前的黄河中下游一带。那里有肥沃的土地,适合农作物生长,也适合建造村庄和城市。一些掌握了当时先进农业文化和青铜文化的人聚居在那里——他们并非一开始就是一个整体，而是由一些来源不同的人群从四面八方逐渐汇聚而成的。

这个"雪球"的核心非常善于融汇四周的文化，它对周围的民族具有一种强大的包容力，从不排斥前来交流的群体。于是，这个"雪球"开始在历史的长河中滚动起来，并且越滚越大，把周围许多有着不同文化特点的人群都黏合到了一起。

就这样，在华夏族的基础上，通过融合其他民族，一个新的民族出现了。因为他们在公元前206年建立了一个强大的国家——汉朝，所以四周的其他民族开始用"汉人"来称呼他们。久而久之，"汉"便成了这个民族的名称，虽然后来朝代不断更替，但汉族这个称呼一直沿用到今天。

从某种意义上说，汉族强大的融合能力与它悠久的农耕历史有一定的关系。尤其在古代社会，汉族人非常崇尚男耕女织的生活方式。与此

雍正耕织图·耕（局部）

相对应，汉族人非常重视农业生产技术，其中水利灌溉与耕作技术尤为突出。例如2000多年前的水利工程都江堰，今天依然发挥着积极的灌溉功效。当然，在发达的农业之外，汉族人的探索精神同样体现在社会生活的各个方面，除了著称于世的四大发明——造纸术、印刷术、火药及指南针，养蚕织丝、制瓷、制茶等技术都为世界文明的发展做出了重要的贡献。

江西景德镇古窑，一位老艺人正在进行手工制瓷中的第三项工艺——画青花，俗称"画坯"。

重庆永川，茶农正在采茶。

人口最多的少数民族——壮族

除了人口庞大的汉族以外,中国人口最多的少数民族是壮族。他们大多生活在南方的广西壮族自治区。

连绵的森林把壮族的祖先与古代中国的文化中心隔离开来。不过这种隔离持续的时间并不太久。2200多年前,秦始皇在建立统一的中华帝国后,很快就派出士兵征服了这些森林地区。

生活在森林里的壮族祖先并不像想象的那样封闭落后。事实上,被称为"百越"的壮族祖先,是中国最早种植水稻的人。考古学家在当地发现了1万年前的石磨盘和石磨棒,它们是给稻谷脱壳的工具。今天,

在中国南方，每一个民族餐桌上的主食都是米饭，这个传统与百越人的发明直接相关。

壮族人还从他们祖先那里继承了另一项重要传统，那就是对于歌唱的热爱。他们的生活中充满歌声，一切欢乐与痛苦，都能用优美的旋律随口唱出来。这种热爱最终凝结为一种习俗——歌圩。到了广西，不能错过的民族风情体验就是歌圩。每年农历三月初三（大约为公历的4月初），壮族人从四面八方聚集在一起唱山歌，这称为"歌圩"。最大的歌圩一次会有上万人参加，场面颇为壮观。

"三月三"歌圩又被称为壮族人的情人节,那天,小伙子们会找自己心仪的姑娘对歌,以歌传情;若姑娘也有意,就会把亲手缝制的绣球送给他。

生活在几百年前的壮族姑娘刘三姐,因为特别会唱山歌,被壮族人尊为"歌仙"。今天的"三月三"歌圩,就是为了纪念她而形成的节日。右图为1960年电影《刘三姐》剧照。

当然,在壮族人生活的广西地区,还生活着很多别的少数民族,例如善于制作铁器工具的仫佬族,擅长编织竹篾工艺品的毛南族,以及中国唯一生活在海边的少数民族京族。

中国民族之旅

蜡染的发明者——布依族

虽然大部分壮族人都生活在广西壮族自治区，但在过去的几百年间，也有一些壮族人离开广西，沿着起伏的丘陵向西走，来到西南部的云贵高原，并在那里定居下来。踏上这条西迁之路的，除了壮族，还有很多别的民族。他们与壮族人一样，都是百越人的子孙。让我们跟随这些人的脚步，到云贵高原上去看看……

如此精美的花布，是怎样制作出来的呢？这其实是一种传统的染织工艺，称为蜡染。发明这项技术的就是生活在贵州省的布依族人。

要绘出漂亮的纹样，需要丰富的想象力，而在绘好的纹样上点蜡则是对耐心和细致的考验。

关于蜡染，有一个有趣的传说：1000多年前，一位布依族姑娘正准备染布，突然一只蜜蜂飞来停在布上，她随手赶走了蜜蜂。当布染好以后，她发现布上出现了一个白色的小斑点。稍加思索，她便想明白了，一定是蜜蜂留下的蜂蜡隔绝了染料。聪明的姑娘由此想出了一个绝好的办法：在染布之前，先用蜂蜡点出花纹，这样涂上蜂蜡的地方就不会被染上颜色，等去掉蜂蜡后，漂亮的图案就显露出来了。

布依族人用上面的故事来解释他们发明蜡染的过程，让这个实际上应该复杂得多的工艺变得生动而富有情趣了。

大歌声声动人心——侗族

贵州肇兴侗寨是黔东南侗族地区最大的侗族村寨之一，有"天下第一侗寨"之称。

大概是因为同样起源于百越民族的缘故，侗族人对于歌唱的热爱，一点儿也不亚于壮族人。

很久以来，西方音乐界一直认为中国没有多声部复调音乐艺术，但当侗族大歌被发现后，这种说法便不再成立了。

所谓复调音乐，就是很多旋律同时进行，组合成一个和谐的音乐整体。侗族大歌正是这样的民间音乐。贵州的侗族农民们在没有指挥与伴奏的情况下,把复杂的多声部演唱得完美无瑕,一旁倾听的音乐家们给出的评价是,侗族大歌的结构复杂而精致,简直达到了"无以复加的地步"。

贵州从江县占里寨的侗族小学生在演唱侗族大歌。

琵琶歌是侗族非常有名的一种民歌,不仅可以坐着演唱,也可以边走边唱。

如果要亲耳聆听侗族大歌，当然得去侗族人居住的地方。但云贵高原上生活着很多民族，用什么来辨别侗族人的居住地呢？一个最简单的办法就是寻找鼓楼。当你的视野中出现一座鼓楼时，就可以确认，那里一定有一个侗族村寨！

　　在每一座鼓楼的顶部，都藏着一面鼓，鼓楼也因此而得名。当村寨发生重大事件时，头人（少数民族或族群的首领）就会登楼击鼓。瞬间，咚咚鼓声传遍整个村寨，寨子里所有人便会迅速地集中到鼓楼下。因此，每当侗族人要建立一个村寨时，他们总是会首先把神圣的鼓楼建好。

生活在佛寺与竹楼之间——傣族

云南民族村傣族白色佛塔

历史上，向西走得最远的百越人是傣族人的祖先。很有可能的情况是，一直向西行走的傣族人祖先遇到了越来越高大的山峰和越来越湍急的河流，他们停止了向西的脚步，转了一下身，向南进发，并最终在接近印度半岛的地方安定下来。于是，他们就有了更多的机会接受从南亚次大陆传播过来的佛教。

从公元7世纪起，这个民族完全地投入到对佛陀的信仰中。傣族人信仰的佛教，被称为巴利语系佛教，又称南传上座部佛教。庄严的寺院与洁白的佛塔几乎遍布每一个傣族村寨，与他们独特的民居建筑——竹楼交相映衬。

傣族男子少年时期必须出家一段时间，在寺院里学习佛法。

　　傣族还有一个十分有趣的节日——泼水节，这也是傣族人的新年，时间在公历4月中旬。每到这时，男女老少你追我赶，把纯净的清水尽情向周围的人泼撒，谁被泼到最多，谁就笑得最欢，因为这意味着他有可能在未来收获更多的幸福。

农耕文明奇观的创造者——哈尼族

当百越民族从东向西迁徙时,有一大群人正从中国北方的高原向南边走来,这群人被称为"氐羌"。与种植水稻的农耕民族百越不同,氐羌是一个游牧群体。

今天生活在云南哀牢山区的哈尼族,就是氐羌人的后代。1000多年前,当哈尼族人的祖先来到这里时,便与怀揣稻种、身背犁锄的百越人相遇了。他们先是好奇地观察邻居,然后慢慢学着邻居的样子,在山上播下种子、收获水稻。这样的学习和劳动持续了上千年。结果,一个震惊世界的农业奇观出现了——

整座山整座山的梯田，层层叠叠，仿佛一道道天梯，从山顶垂挂下来。曾经有人从最低处的梯田一级一级地向上数，当数到最高处时，他被自己嘴里的数字震惊了：整整3000级！

哈尼族人的梯田里除了种水稻，还养鱼养鸭。稻、禽、鱼在这里共同构成了一个巧妙的生态系统。

哀牢山的全部梯田加起来有17万亩。令人惊讶的是，这个农业奇观，竟然是牧羊人的后代创造的。

每年秋天收割完水稻,哈尼族人就会举办"长街宴"——家家户户的酒席连在一起,绵延好几百米,甚至几千米,景象非常壮观!

哈尼族民居外形酷似蘑菇,故名蘑菇房。

雪山古城的居民——纳西族

通常游牧民族是不擅长建造城市的,但氐羌的另一支后代纳西族同样在改变着我们的印象。

走在云南丽江古城曲曲折折的街巷上,你会发现这是一座堪称完美的城市:终年积雪的玉龙雪山,就像母亲守护孩子一样,把古城揽在怀里。雪山融化出的清凉小溪,从每一户人家门前流过,供他们做饭、洗衣,同时滋养着他们院子里繁郁的花草。即便在今天看来,古城古老的供水系统也是相当巧妙的。很难想象,800年前的纳西族人是怎么做到的。

居住在古城里的纳西族人还创造了自己的东巴教信仰，以及一种独特的图画象形文字——东巴文。东巴文是目前世界上唯一还在使用的、"活着"的象形文字。用东巴文书写的东巴教经典，至今还存有2万多册。

"东巴经"内容极其丰富，被誉为纳西族的"百科全书"，是研究纳西族的珍贵资料。

到了丽江，不应错过的还有纳西古乐。这种音乐有700多年历史，是中国最古老的音乐之一。演奏者也大都是上了年纪的老人，他们与古老的音乐相得益彰。

现在，纳西族拥有两项世界遗产——丽江古城（世界文化遗产）和东巴教古籍经典（世界记忆遗产）。

沸腾的火把节——彝族

除了让人惊叹的农业奇观和城市建设，氐羌人的后代还进一步向我们展示了他们的创造力。

20世纪80年代，当研究者在云南发现一些人群仍在使用一种名叫"十月太阳历"的古老历法时，他们感到非常震惊。因为这种历法的历史可以追溯到1万年前，并且，它的科学性可与著名的玛雅历法相媲美。

云南楚雄十月太阳历公园的彝族观天台

"十月太阳历"的发明者，就是氐羌的另一支后裔——彝族。提到彝族，人们最为熟知的，是他们古老的"火把节"。每年农历六月二十四日（大约在公历7月底）的晚上，彝族人就会点起火把，成群结队地绕村串寨，把漫山遍野照耀得如同白昼一般。接着，他们聚在一起举行盛大的篝火晚会，载歌载舞，彻夜狂欢。

火把节是彝族人崇拜火的表现。在他们眼里，火代表着光明、正义、兴旺，象征着摧毁一切邪恶的伟大力量。现在，每当火把节来临时，就会有很多其他民族的人赶来跟彝族人一同分享这个欢乐的节日。

"抹黑脸"是彝族人在火把节上的传统习俗，也是他们特有的迎客方式。把锅底灰抹在对方脸上，谁被抹得越黑，预示着在他身上的好运越多！

七彩云南

　　让我们再来回忆一下历史上这次很有意思的相遇：一群农民与一群牧民，前者扛着农具，后者挥着牧羊鞭，他们从不同的方向来到了云南。

　　两种完全不同的文化，开始在这里相互碰撞、融合。人们互相改变，牧民也许变成了农民，农民也许不知不觉地接受了游牧者的某些习惯。

　　就这样，在中国大地的西南角，景色迷人的七彩云南，不同的文化在这里多元共存，异彩纷呈。

　　现在，共有25个少数民族生活在云南，其中15个是云南特有的民族。除了前面介绍的傣族、哈尼族和纳西族，云南特有的民族还包括：

白族　　　　　　　　　傈僳族

白族、傈僳族、佤族、拉祜族、景颇族、布朗族、普米族、阿昌族、基诺族、怒族、德昂族和独龙族。不论用哪种方法统计,云南都是中国少数民族族别最多的一个省。这一点,只要看看当地多得让人眼花缭乱的少数民族服饰,就可以印证了。云南的少数民族服饰一共有多少种呢?恐怕谁也没有办法精确统计出来。

　　让很多人感到奇怪的是,虽然云南有那么多的民族,他们的生活方式不同,语言不同,信仰也不同,但历史上却从没有因为这些不同而发生过争斗、出现战乱。可以说,云南是一个世界罕见的、不同民族之间互助互爱、和平共处的乐土。

佤族

阿昌族

寻找香格里拉

假如有人说他要去中国的香格里拉，你首先想到的也许是那家有名的酒店。事实上，这家酒店的名字是借用了中国青藏高原上的一个古老地名。它的原意是：心中的日月。

就像古希腊的柏拉图想象出了"理想国"、英国人托马斯·莫尔虚构出了"乌托邦"一样，在藏族人的传说中，那个从未受过污染、如同雪山一样纯洁的世界，就叫"香格里拉"。

1933 年，英国作家希尔顿出版小说《消失的地平线》，主题就是"寻找香格里拉"。世界上会不会真的有一个香格里拉呢？20 世纪 90 年代，人们在青藏高原东南边缘的云南省迪庆藏族自治州，发现了一片神秘而美丽的地方，它的地形地貌与传说中的香格里拉格外相似。于是，这个地方便被改名为"香格里拉"。

云南香格里拉松赞林寺，云南最大的藏传佛教寺庙群落，有"小布达拉宫"之称。

一个传说中的理想家园，现在居然有了真实的所在，而且坐着飞机就能直接抵达，这怎能不令人兴奋而激动？其实，在许多人心目中，香格里拉并不仅仅存在于迪庆，整个青藏高原就是一个大香格里拉，一片罕见的人间净土。

雪域高原的朝圣者——藏族

　　最迟在 3 万年前，青藏高原南部的雅鲁藏布江流域就已经出现了人类活动的痕迹。在大约 2000 年前，氐羌人的一支，一个名叫"发羌"的部落深入青藏高原，与原来就生活在那里的人群融合在一起，慢慢地演化成今天的藏族。

　　从公元 7 世纪起，藏族人开始虔诚地信仰佛教。从此，一代又一代藏族人创造出了辉煌的藏传佛教文化。在空气稀薄、土壤贫瘠、并不适合人类生存的"世界屋脊"上，藏族人找到了与自然相处的最好方式，这其中藏传佛教功不可没。

　　藏族人非常尊重自然。青藏高原上的每一座山、每一个湖，在他们眼中都是神圣而不容冒犯的。他们还相信，没有哪一种生物是有害的，

只有所有生物共同存在，才能维持自然的平衡。所以每当夏季来临，青藏高原上的许多寺院都会闭关两个月，因为这时地上虫子很多，僧人们担心自己一出门便会伤及生命。

在西藏，几乎所有人都是虔诚的佛教徒。磕长头，是藏传佛教信仰者至诚的礼佛方式之一。

公元 7 世纪，松赞干布统一了西藏，并迎娶了唐朝的文成公主，这一事件推动了藏族和汉族间的文化交流。今天的布达拉宫，就是在文成公主居住的宫殿基础上扩建而成的。公元 13 世纪，西藏成为元朝中央政府直接管辖的一个行政区域。从那时起，西藏就一直置于中国中央政权的管辖之下。

正是因为有了这样一种自律的文化和节制自身欲望的生存方式，青藏高原才能始终保持雪山的圣洁、湖泊的纯净和草地的丰美。假若不是这样，这个生态脆弱的地方或许早已变成一片巨大的荒漠。

汤因比向往的新疆

从青藏高原向北，翻越重重高山，便到达了新疆。

关于新疆，我们先来听听英国历史学家汤因比是怎样说的。

汤因比曾与日本思想家池田大作有过一次对话——

池田大作：如果可以选择，你希望出生在哪个时代？哪个国家？

汤因比：我希望出生在公元1世纪佛教已经传入时的中国新疆。

汤因比对人类文明史有着非常深入的了解，他为什么喜欢公元1世纪的中国新疆呢？

全世界有四大历史悠久、影响深远的文化体系——欧洲文化、印度文化、伊斯兰文化和中国文化。而这四大文化体系同时交汇的地方，在地球上只有一个，那就是中国新疆。

公元前139年，汉朝使节张骞出使西域（包括今天的新疆和中亚部分地区），开辟出丝绸之路。这幅公元7世纪的壁画再现了当时的情景。

四大文化体系的汇流，正好发生在公元1世纪前后。那时，从中国通往中亚、欧洲的丝绸之路刚刚开通。由于特殊的地理位置，当时的新疆汇聚了来自世界各地不同民族的人，他们带来了至少6种宗教、30种语言和近20种文字。而这一切的相遇，没有带来冲突和战争，反而充满了和平与喜悦，不能不说这是人类历史上的一个奇迹。这也就不难理解为什么汤因比会希望出生在公元1世纪的新疆了。

西域曾经存在着几十个小国，这是其中一个古国的遗址。它背后的红色山脉是新疆火焰山，是中国最热的地方。

今天，在新疆随处都能感受到历史上不同文化在此相遇和交融所留下的痕迹。

激情木卡姆——维吾尔族

新疆自古以来就是个多民族聚居的地区。今天,在新疆166万平方公里的土地上,居住着12个主要少数民族,其中维吾尔族的人口最多。

维吾尔族是在公元9世纪来到新疆的,他们最初信仰佛教。公元1000年前后,伊斯兰教传入新疆,维吾尔族逐渐转变为一个信仰伊斯兰教的民族。

来到维吾尔族人生活的地方,你立刻会发现,自己融入了一个歌舞的海洋。维吾尔族人仿佛携带着一种神奇的基因,个个能歌善舞。他们欢快的音乐、热情奔放的舞姿,融合了东方与西方的多种元素,有着强烈的感染力。

如果有一项吉尼斯世界纪录是最长的歌曲，那么这项纪录的保持者一定属于维吾尔族，因为他们有一首歌曲完整地演唱完需要一天一夜。这首歌由360首曲子组成，歌词一共有4000多行，维吾尔族人把它称为"十二木卡姆"。

每当维吾尔族人唱起他们的木卡姆时，总是充满了激情，恨不得把全部生命都融进音乐之中。木卡姆为什么会这么长呢？也许这正与多种文化交汇这一事实有密切联系吧——因为漫长的民族与文化交融历史必须用足够长的曲调才能讲述完整。

2005年，新疆维吾尔木卡姆艺术被列为"人类口头和非物质遗产代表作"。

马背上的民族——蒙古族

走出新疆，我们来到位于中国正北方的内蒙古自治区。

想象一下，如果你生活在公元13世纪的蒙古草原，骑马、放羊、四处游牧，这可能就是你每天的生活。但一旦蒙古之王成吉思汗的战令传来，你就必须扔下羊鞭，随他远征。

800年前的蒙古族，就是靠一支亦牧亦战的军队，统一中国，建立元朝，并征服了欧亚大陆上的很多地方。

骑马、射箭、角力（即摔跤，在短兵相接时，能将对手摔倒在地），这三项技能被称为蒙古族"男儿三艺"，每一个蒙古族男子都必须从小练习。在和平年代，它们逐渐演变为三项体育运动。蒙古族人每年都要为这三项运动组织声势浩大的比赛。这种快乐而激烈的草原运动会，称为"那达慕"。

2005年，蒙古族长调民歌被列为"人类口头和非物质遗产代表作"。图中的乐器是马头琴。蒙古人将马视为生命的一部分，所以他们用马的形象装饰自己的琴，这种琴称为马头琴。

蒙古族人骁勇善战，粗犷豪放，但与此同时，他们又细腻浪漫，情感丰富。

在辽阔的草原上，时常飘荡着悠远、绵长的歌声，这就是蒙古族长调民歌。蒙古族人在长调中描绘草原风光，倾诉自己的思绪与感悟。当歌声伴着如泣如诉的马头琴响起，人们的心也随之飘向辽阔的天空。

蒙古族人还创造了一部伟大的史诗——《江格尔》。这部英雄史诗共有10万行诗句，与藏族的《格萨尔》及柯尔克孜族的《玛纳斯》并称为中国三大民族史诗。

家住北极圈边缘——鄂温克族与鄂伦春族

从内蒙古向东北方向前行,草原渐渐消失在视野中,取而代之的,是越来越茂密的原始森林。这时,会有一只只奔跑的驯鹿提醒你:你就要接近北极圈了!

驯鹿只依靠一种食物生存,那就是生长在北极圈附近的细嫩苔藓。全世界有不少民族依靠驯鹿生活,比如挪威的萨米人、俄罗斯的捏捏茨人以及中国的鄂温克族人。

如果沿着北极圈边缘走一圈，你会不断见到这种撮罗子。它们的主人分属于不同的国家，彼此语言不通，那么，他们为什么会建出完全相同的撮罗子呢？

　　另一些文化现象也是泛北极圈民族共有的，比如狗拉雪橇和撮罗子。中国居住在撮罗子里的民族，历史上除了鄂温克族，还有鄂伦春族。这两个民族都以狩猎为生，所以他们的文化总是散发出浓烈的森林气息。比如，他们可以把整张桦树皮丝毫无损地剥离下来，搭建成温暖的撮罗子，造成结实的船只，制成精美的容器，甚至还用来作为绘画的材料。

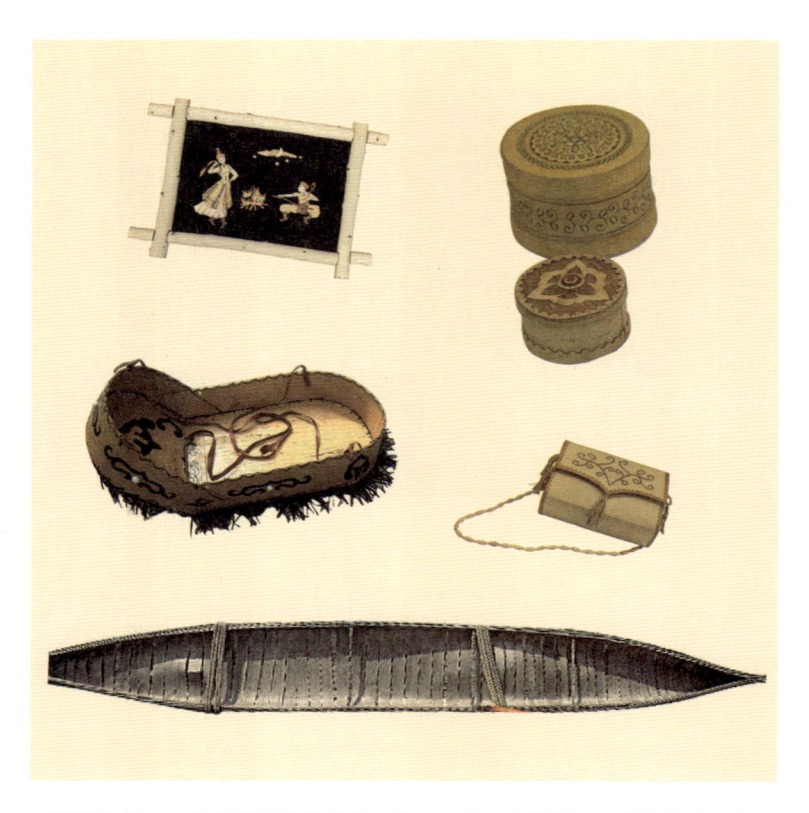

上面的物品，小到日常用的储物盒、挎包、画，大到摇篮，甚至小船，都是鄂温克族人和鄂伦春族人用桦树皮做成的。

　　山林里的狩猎生活听上去浪漫，实际非常艰苦。所以，历史上鄂温克族和鄂伦春族的人口增长得很慢，甚至出现过负增长。20世纪30年代，一位日本学者曾预言鄂伦春这个民族会很快消失。不过在中国政府的努力和帮助下，鄂伦春族人的生活和医疗条件得到了很大改善。现在，鄂伦春族不仅没有消失，人口还从1000多人增加到了8000多人。

冲破长城的民族——满族

长城常常被人们视为中国的符号之一，但你知道为什么要修建长城吗？那是因为在古代，骁勇善战的北方游牧民族总是一次次南下，夺取南方丰美的物产。长城正是为了阻挡他们的进攻而修建的。不过，这一宏大的军事屏障在历史上曾经数度被冲破。

起源于东北地区的满族便是一个冲破长城的民族。那是公元17世纪的事情。不仅如此，满族还和几百年前的蒙古族一样，统一中国并建立了强大的政权——清朝。

清朝康熙皇帝是中国历史上的伟大帝王之一。他不仅热爱自己民族

康熙皇帝（1654～1722）

的文化，也热爱汉族文化，甚至还跟来自欧洲的传教士学习西方文化。在他和子孙们的勤奋治理下，清朝的强大持续了近200年，完全可以跟汉族建立的任何一个朝代媲美。

清朝在1911年终结，但满族的许多文化传统已经融进中华文化，演变为中华民族共同的文化。比如现在中国的通用语言——汉语普通话

很多中国女性喜欢穿旗袍。为什么把这种衣服叫作旗袍呢？因为它是"旗人长袍"的简称，而旗人指的就是满族人。对比一下满族妇女的传统服饰和现在的旗袍，你能看出其中的传承和变化吗？

清朝奠定了今天中国疆域的基础，这与另一位皇帝——乾隆皇帝有着密切关系。在他的治理下，多民族国家的统一得到进一步巩固。这幅反映他平定边疆战乱的铜版画，出自当时宫廷里以郎世宁为代表的欧洲传教士画家之手。

中，就有不少词语源自满语。又比如，满族人发明的宫廷盛宴"满汉全席"，汲取不同民族美食精华，成为中国饮食文化的经典代表之一。

今天中国人熟悉的涮羊肉，也是满族人的发明。有一种说法是，涮羊肉用的铜锅在设计时参照了旗人帽子的形状。你觉得呢？

虔诚的穆斯林——回族

青海西宁东关清真大寺院

　　我们已经沿着中国大陆的边缘走了大半圈，下面我们要去拜访的，是中国居住最为分散的少数民族——回族。

　　回族人口超过 1000 万，是仅次于壮族的第二大少数民族。中国南北各地的众多省份都有回族聚居，他们的分布为什么会如此广泛呢？

　　这是因为，回族是一个特殊的民族：它是由两条丝绸之路和一场战争形成的。从公元前 1 世纪到公元 13 世纪，阿拉伯、波斯等国的很多商人往来于陆上和海上两条丝绸之路从事"国际贸易"。由于种种原因，他们中的一些人选择了留在中国。而一场战争，指的是公元13世纪成吉思汗的蒙古族军队发动的西征。这支军队沿途征用了很多中亚商人和工匠，并在战争结束后将他们带回了中国。

慢慢地，一个新的民族形成了：他们的父系是来自中亚的穆斯林，母系则是中国的汉族、蒙古族、维吾尔族和藏族等。这个形成于公元13~14世纪的民族，被称为回族。

直到今天，回族人依然保持虔诚的伊斯兰教信仰。只要有回族人的地方，就会有清真寺。他们穿穆斯林服饰——男子多戴小白帽，女子戴各种花色的头巾；过伊斯兰教的节日，比如开斋节、古尔邦节等。

油香俗称油饼,是回族人的传统食品,已成为团结、友谊、幸福的象征,每逢开斋节、古尔邦节等,家家都要炸油香。

除油香外,馓子也深受各地回族喜爱,是节日馈赠亲友不可缺少的食品。

把历史穿在身上的民族——苗族

　　澳大利亚历史学家格迪斯曾说:"世界上有两个苦难深重而又顽强不屈的民族,他们就是中国的苗族和分布于世界各地的犹太人。"

　　格迪斯为什么这样说呢?因为这两个民族都有着漫长的迁徙史,甚至可以说,他们的文明史有多长,迁徙史就有多长。

你见过比这更高的乐器吗？这是苗族人的传统乐器——芦笙，最大的有三米高，最小的不到一尺。

在苗族人的记忆中，自从祖先蚩尤在与黄帝的战争中战败，他们就开始了迁徙——假若真有那样一场战争的话，它应当发生在5000多年前。历史上苗族的迁徙路线，斜着贯穿了大半个中国，所以现在中国南方的每一个省都有苗族居住。

遗憾的是，苗族人没有文字，他们只能用其他的方式来记录和传承自己民族古老的历史。苗族有很多口传心授、代代相传的古歌，他们通过这些古歌来讲述历史。而另一种记忆载体则是他们的服饰。

最初，人们只是发现苗族服饰十分复杂，比如一条百褶裙上有500多个褶子，层数多达三四十层；接着，人们发现这个民族的服饰竟多达200多种；再仔细研究这些服饰上复杂的图案，又发现它们都隐藏着同样的主题：苗族人的远古家园、漫长的迁徙以及祖先的英勇顽强。人们终于明白了，苗族人居然是在用服饰书写自己民族的历史！

高山上的族群——高山族

现在，我们要离开中国大陆，去中国最大的海岛——台湾岛看看。

台湾岛位于中国东南沿海，整座岛屿的形状就像一片美丽的树叶；岛上的一座座高山，就如同这片树叶的叶脉。而台湾的少数民族就居住在这些高山上，他们因此被称为"高山族"。

但是，就像树叶的每一条叶脉都不尽相同，台湾岛上的每一座山脉，也有不同的气候、水土和物产。居住在不同山林里的族群，文化也各有不同。依据各自的差异，高山族进一步细分为14个族群。其中人口最多的是阿美人，他们以保留了众多母系氏族社会遗存而闻名；其次是泰雅人，他们的妇女有文面的习俗；排湾人的人口居于第三位，他们每隔五年就会举办一次非常盛大的"五年祭"。

把族徽文在脸上的民族——黎族

有意思的是，生活在海南岛上的黎族人，和台湾岛上的泰雅人一样有文面的习俗。

今天，你在海南岛还能见到一些文面的黎族老年妇女，她们是这种习俗的最后一代传人。黎族女性曾经认为，文面会让自己变得更美丽。除此之外，文面至少还有一项文化功能：脸上的图案标示出一个女子所属的部落，这样可以有效地避免族内婚。

黎族人居住的房屋看上去就像一只只倒扣在地上的船。有一种说法是，这是为了纪念他们的祖先乘船来到海南岛的历史。

黎族妇女非常擅长纺织，她们的纺织技艺一度远远领先于中国内陆地区。中国最早的棉纺织品"黎锦"就是黎族人创造的，已经有超过3000年的历史。公元13世纪，一位名叫黄道婆的汉族妇女向黎族人学习纺织技术，加以改进后将之传播到内陆地区，迅速推动了中国内陆的棉纺业发展。

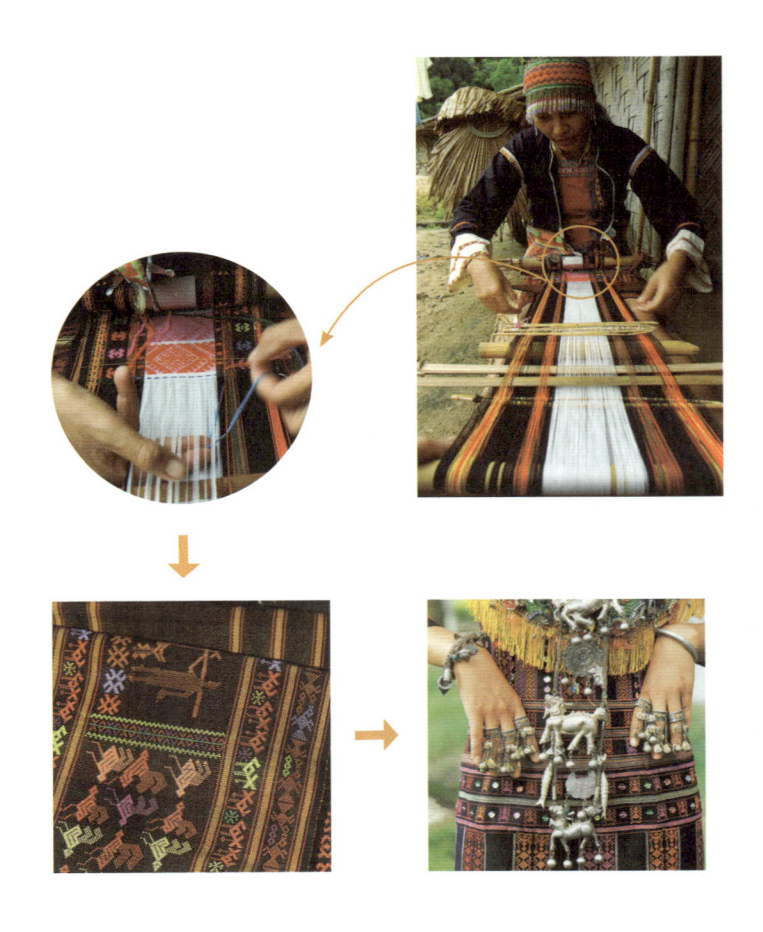

多元一体的中华民族

　　一路行来，我们拜访了中国各地的众多民族。可能你还是疑惑，中国的56个民族为什么能够和谐地生活在一个统一的国家中呢？或者说，中国人为什么总是追求统一呢？

　　国家统一的理想，首先源于中国人的历史经验：每当统一时，国家就兴旺强盛，人民就安居乐业；而每次陷入分裂，就会战乱频仍、民不聊生。所以，国家统一始终是各民族共同的社会理想。

　　更为根本的原因还在于，几千年来，中国的各民族已经形成了一个牢固的共同体，这就是"多元一体的中华民族"。

多元一体的中华民族，首先是一个文明共同体。5000多年来，各民族一直在文化上相互影响，他们的血缘也一直在相互融合。比如，历史上许多民族都把"龙"奉为共同的吉祥物，都把汉族的春节作为自己的新年，都崇尚儒家文化。虽然每个民族的发展历史不同，文化也各有特点，但他们始终相互关联、相互补充、相互依存，最终形成了一个你中有我、我中有你、不可分割的文明共同体。

多元一体的中华民族，还是一个命运共同体。譬如，1840年鸦片战争以来的100多年间，中国沦为众多殖民主义国家侵略的对象，但中国始终没有变成一个完全的殖民地国家。因为56个民族团结一致，共同抗击侵略，捍卫了国家的独立。

所以，中国的历史是56个民族共同创造的：不论是人口较多的民族，还是人口较少的民族，他们共同缔造了中华文明。在中国，这个相互依存、统一而不可分割的文明共同体和命运共同体，就叫"中华民族"。

身着鲜艳民族服装的少数民族代表，参加完全国人民代表大会后，兴高采烈地走出人民大会堂。

中国的民族区域自治

我们曾经提到，为了控制人口过快增长，中国实行了计划生育政策，但相比汉族，少数民族可以生育更多的孩子。那么，少数民族究竟可以生几个孩子呢？

答案是，不同的地区有不同的规定。比如，在广西，人口在1000万以下的少数民族可以生2个孩子。在内蒙古，城市里的蒙古族夫妻可以生2个，农村的蒙古族夫妻可以生3个；人口较少的鄂温克族和鄂伦春族，他们想生多少孩子都可以。在西藏，所有少数民族农牧民生多少孩子同样都不受限制。

所以，决定一对少数民族夫妻可以生几个孩子，是各少数民族自治地方政府的权利。

中国宪法规定，在国家统一领导下，各少数民族聚居的地方设立自治机关，行使自治权，实行区域自治。

中国的民族区域自治 67

一部重要的法律

接下来，我们不免要问：少数民族自治地方究竟拥有哪些自治权利呢？

首先，他们拥有自治地方境内的立法权，还有自主发展境内经济的权利。他们还可以组织境内维护社会治安的公安部队。除此之外，他们还拥有一项十分关键的权利，那就是文化、语言文字自主权。这项权利保证他们能够自主地使用本民族的语言和文字，发展本民族的教育，保护本民族的文化传统。比如，在少数民族地区的法庭上，必须使用当地少数民族的语言来进行辩护和宣判。

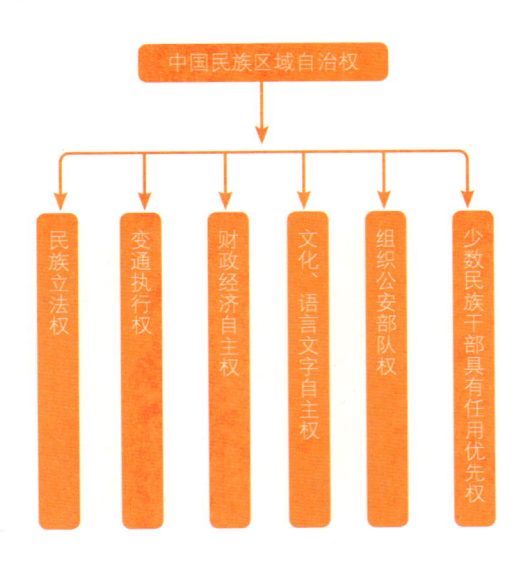

```
中国民族区域自治权
├── 民族立法权
├── 变通执行权
├── 财政经济自主权
├── 文化、语言文字自主权
├── 组织公安部队权
└── 少数民族干部具有任用优先权
```

中国政府为了保证少数民族自治地方能够获得上面这些重要权利，制定了一部专门的法律——《中华人民共和国民族区域自治法》。

课堂上，新疆锡伯族学生正在学习本民族语言——锡伯语。

一个维吾尔族女孩在展示她的课外读物，这本书是用维吾尔语编写的。

  法律界有一个常识，凡是缀有"序言"的法律，无论在哪一个国家，都是极其重要的法律。世界上三分之二的国家的宪法都缀有"序言"。而在中国，有两部法律缀有"序言"：一部是《中华人民共和国宪法》，另一部就是《中华人民共和国民族区域自治法》。

中国的民族自治地方

《中华人民共和国民族区域自治法》规定，根据各地少数民族的人口数量，可以相应地建立起三种级别的自治机构：自治区、自治州和自治县（旗）。

这样，中国一共建立了155个民族自治地方，包括5个自治区、30个自治州和120个自治县（旗）。所以，你会听到像"西藏自治区""广西壮族自治区"这样的省级自治地方，也有像"凉山彝族自治州""长白朝鲜族自治县"这样的地、县级自治地方。民族自治地方的面积共占中国国土面积的64%，有44个民族都拥有自己的区域性自治政府。

不过，如果聚居区域很小，人口也较少，这样的民族又怎样才能实现自己的自治权利呢？中国政府为他们建立了民族乡。迄今为止，中国已经建立了1100多个民族乡。例如，位于大兴安岭的南木鄂伦春民族乡，居民就以人口稀少的鄂伦春族为主。

特鲁多眼中的中国民族政策

特鲁多是加拿大历史上著名的政治家，他曾经两次担任加拿大总理。1960年，当特鲁多还只是一个评论家时，他与他的朋友来到了中国。

因为当时加拿大魁北克地区的民族争端日趋严重，所以特鲁多很想知道中国政府是怎样处理民族问题的。特鲁多参观了北京的中央民族学院（现为中央民族大学）。这是中国政府专为少数民族创建的大学，同样的民族大学在全中国有十多所。对于特鲁多来说，这是一件新鲜事。

接下来，他发现了更多的新鲜事。比如，在中国各级政府的构成中，少数民族所占的席位超出了他们人口所占的比例。又比如，中国的55个少数民族中，本来只有21个拥有自己的文字，中国政府却帮助那些只有语言、没有文字的民族创造了16种文字。这一点尤其让特鲁多感到震惊，要知道在当时的加拿大魁北克，仅仅是英语和法语的地位之争，就已经使局面非常复杂了。

特鲁多在中国停留了一个月。在成为加拿大总理后，他提出了一项名为"多元文化主义"的政策，用来解决加拿大的民族矛盾。这项政策主张一个社会应当容许多种不同的文化体系平等存在，从中我们不难看出中国之行对他的启发。

为什么中国的文明史从未断裂？

在中国这样一个统一的多民族国家里生活，会有什么样的感受呢？

假若你是一个喜爱节日的人，在中国，你可以天天都沉浸在节日的欢乐中。因为中国56个民族的传统节日加起来一共有1700多个。仅贵州省，各民族的节日就超过了365个。也就是说，去贵州旅行的话，你可以天天到不同的地方过节。

假若你喜爱体育运动，在中国，你可以充分体验运动的乐趣。中国流传至今的传统体育项目有1000多项，其中700多项来源于55个少数民族……

身着民族服饰的各民族小朋友共同迎接六一儿童节。

在甘肃省少数民族运动会上,少数民族选手正在进行激烈的马上项目——马上"叼羊"比赛。

　　中国文化拥有如此惊人的多样性,而它们竟然和平地共存于一个统一的国家,这的确是很独特的文化现象。美国著名的汉学家费正清曾说:

"10亿左右的欧洲人和美洲人分别生活在50多个独立的主权国家中，而10亿多中国人则是生活在一个国家中。"

在欧洲历史上，北方民族曾一次次向南方侵袭，同样的事情也不断出现在中国历史上。但不同的是，在欧洲，这样的行动最终导致了罗马帝国的崩溃；而在中国，它们虽然引发了朝代的更替，但却从未使统一的国家分裂。

与此相关的历史就是：虽然不同的民族之间始终有冲突和战争，但中国的古老文明却从未发生断裂，几千年来一直保持着它的连续性。这在全世界是独一无二的。

中国是如何做到这一点的呢？原因当然很多，但读过本书，也许你已经找到了其中的一个答案，那就是中国文化对于不同民族的包容性。用一个比喻来形容，这个统一的多民族国家就像是一座巨大的花园，每一种不同的花都可以在其中绽放自己的美丽。

中国少数民族服饰

读完前面的内容，你一定观察到，少数民族的服饰非常吸引人，而且其丰富性也远远超出我们的想象：在文中我们也提到，仅云南一个省的少数民族服饰种类都是难以计数的。这些服饰除了实用和具有审美功能外，还体现出一个民族的习俗与文化，既赏心悦目，又意蕴丰富。我们所能做的，只是提供几个不同的观察角度，带你感受一下少数民族服饰的魅力。

因地制宜的材质

中国地域广阔，各地气候、物产不同，因此在不同地区生活的少数民族，他们服饰的材质也千差万别。

生活在北方的少数民族，比如从事畜牧业生产的鄂温克族，由于生活的地区气候寒冷，喜欢用皮毛制作衣服。

而作为中国北方现存唯一的渔猎民族，赫哲族以捕鱼为生，他们会用鱼皮做成上衣、裤子和鞋子。

鄂温克族

赫哲族

在气候温润的南方，基本上每个少数民族都有自己纺纱、织布、做衣服的传统。图中的侗寨妇女就是在利用农闲时节纺纱织布。

聚居在中国海南岛的黎族人除了纺纱织布外，还有一种传统的树皮衣，不过现在只能在博物馆里看到了。真的是用树皮做的哟！

生活在新疆的维吾尔族妇女则喜爱用艾德莱丝绸制作裙子。这种丝绸颜色艳丽，穿上就像开屏的孔雀一样。

寓意丰富的色彩

服饰的颜色,有时是一种符号,代表着一个民族的不同支系。比如:据记载,元、明、清时期就曾按服饰颜色将苗族分为红苗、花苗、白苗、青苗、黑苗等。无独有偶,现在瑶族仍可根据服饰颜色分为白裤瑶、红瑶、花瑶……

白裤瑶 　　　　　　　　　红瑶

花瑶

服饰的颜色,有时候还可以帮助我们了解一个民族独特的习俗和文化。

　　比如:白族的服饰以白色为主色,从"白族"的名字便知,这是一个崇尚白色的民族。

　　朝鲜族人认为白色清洁、干净、朴素、大方,也喜欢穿白色衣服,所以他们又被称为"白衣民族"。

除了钟爱白色外,也有一些少数民族酷爱黑色。比如:黑衣壮是壮族的一支,他们以黑色为美,服饰从头到脚都是黑色的。

古代的彝族分为白彝和黑彝,黑彝是统治阶层,白彝是被统治阶层。直到现在,彝族人仍然把黑色作为庄重、高贵的象征。

此外，在藏族人的生活里，红色和黄色常常是与他们的宗教信仰联系在一起的，多被用于藏传佛教寺庙和僧侣服饰中。

而在蒙古人的心目中，蓝色象征着永恒、坚贞和忠诚。蓝色的天空，蓝色的长袍，蓝色的哈达，蒙古族人用蓝色来表达他们对天的崇敬。

服饰的颜色，有时候还可以用来判断一个民族的年龄和婚姻状态。比如：阿昌族小伙子一般缠白色包头，婚后则改换黑色包头。

更多时候，少数民族服饰给人留下的印象是五彩斑斓、鲜艳热烈的。

傈僳族 　　　　　　塔吉克族 　　　　　　土家族

工艺精湛的纹样

丰富的纹样是少数民族服饰的又一大特色。纹样装饰的方法很多，但运用最多的还是刺绣。从头上的帽子、脚上的鞋子到腰间的挎包，从衣领、衣袖、腰带到裙边、裤脚，服装的每一处细节都会装点上精美的图案。绣成一套漂亮的衣服，有时甚至需要花费几年的时间。

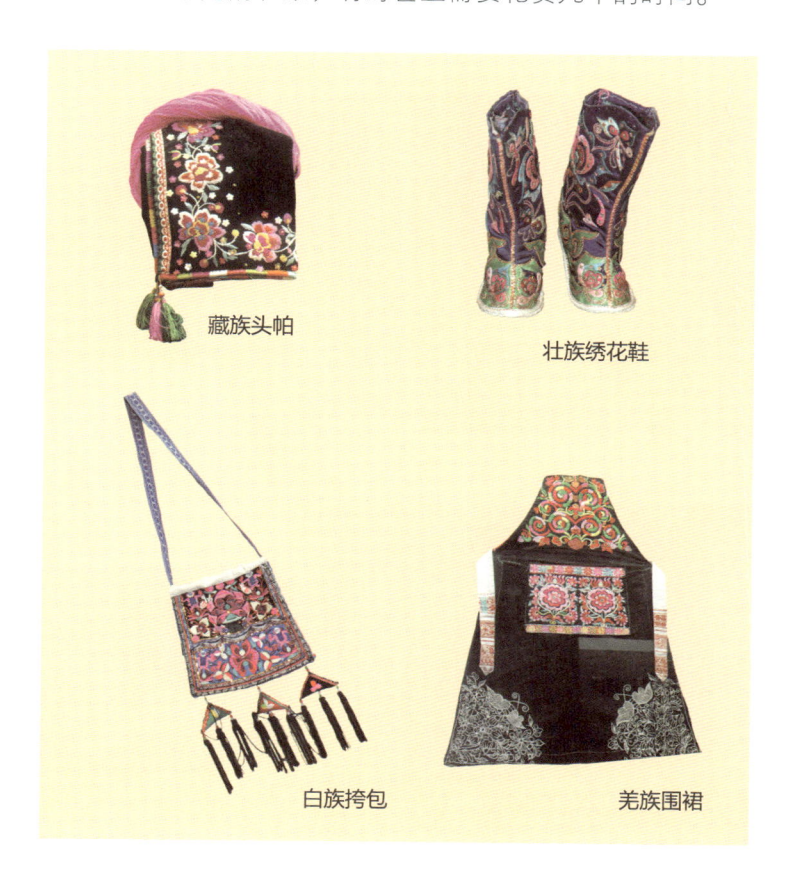

藏族头帕

壮族绣花鞋

白族挎包

羌族围裙

苗族纹饰

羌族纹饰

彝族纹饰

丰富的纹样，有时不仅仅只是装饰，还有更丰富的内涵。比如：各种水波状的花纹经常出现在苗族刺绣中，这些花纹表示他们的祖先曾经在漫长的迁徙中渡过黄河和长江。

纳西族妇女则通过在披肩上端绣两个大圆盘代表日月，下面绣七个绣花圆盘代表七颗星，象征自己总是早出晚归，披星戴月。

品类繁多的饰品

有了斑斓的色彩、美丽的纹样，人们还会搭配上各种饰品，让服饰变得更加生动。这些配饰几乎遍布全身，不仅包括大家熟知的头饰、项饰与手饰，还有背饰、腰饰和胸饰。运用的材料既有贵重的，如金银、珠宝；也有寻常的，如羽毛、贝壳、布、纱等。

头饰

背饰

腰饰

项饰　　　　　　　手饰　　　　　　　胸饰

少数民族的饰品，除了美观外，还是该民族习俗及喜好的最佳诠释。比如：蒙古族等游牧民族的配饰多由金银镶嵌珠宝、玉石制成，这也是为了方便在流动中随身携带财产。

苗族人酷爱银饰，在苗族人的生活中，银饰无处不在：不仅可以用作定情信物，为儿童避邪祈福，还是一个人家庭财富的标志。所以苗族人的银饰常常又大又重，一套盛装苗族服饰，重量可以达到数十公斤，而其设计也常常是繁复而不惜材质的。

更有意思的是，这个无比热爱银饰的民族，把不怕工艺繁复的习惯也应用到了其他方面。比如：他们中的一支经年累月地留着长发，不厌其烦地将头发梳成重达几公斤的"长角"，并因此而得名"长角苗"。

关键词索引

音序	关键词	页码
A	阿昌族	5/37/82
	阿美人	63
B	白裤瑶	78
	白族	5/36/37/79/83
	百越	19/20/22/24/27/29
	保安族	5
	布达拉宫	42
	布朗族	5/37
	布依族	5/22/23
C	长城	53
	长角苗	89
	长街宴	31
	朝鲜族	5/70/79
	成吉思汗	47/57
	蚩尤	60
	池田大作	43
	春节	16/66
	撮罗子	51

音序	关键词	页码
D	达斡尔族	5
	傣族	5/27/28/36
	道教	10
	德昂族	5/37
	氐羌	29/32/34/40
	东巴教	33
	东巴文	33
	东乡族	5
	侗族	5/24~26
	侗族大歌	24~26
	独龙族	5/37
E	俄罗斯族	5
	鄂伦春族	5/50~52/67/71
	鄂温克族	5/50~52/67/76
F	方言	8/9
	费正清	73
	佛教	10/27/40/41/43/45
	佛塔	27

音序	关键词	页码
F	服饰	37/54/57/61/73/75/76/78~83/86/88
	复调音乐	24
G	高山族	5/62
	仡佬族	5
	歌圩	20/21
	《格萨尔》	49
	古尔邦节	57/58
	鼓楼	26
	广西	19~22/67/70
	贵州	22/24/25/72
H	哈尼族	5/29~31/36
	哈萨克族	5
	海南岛	63/77
	汉朝	17/43
	汉语	8/9/54
	汉字	9
	汉族	4/5/6/8~10/14/16~19/42/54/57/64/66/67
	赫哲族	5/76
	红瑶	78

音序	关键词	页码
H	花瑶	78
	华夏族	16/17
	黄道婆	64
	黄帝	60
	黄河	16/85
	回族	5/56~58
	火把节	34/35
J	基督教（新教）	10/11
	基诺族	5/37
	计划生育	12/14/67
	《江格尔》	49
	京族	5/21
	景颇族	5/37
K	开斋节	57/58
	康熙皇帝	53
	柯尔克孜族	5/49
L	拉祜族	5/37
	蜡染	22/23
	黎锦	64
	黎族	5/63/64/77

音序	关键词	页码
L	丽江古城	32/33
	傈僳族	5/36/37/82
	刘三姐	21
	芦笙	60
	珞巴族	5/7
M	马头琴	49
	《玛纳斯》	49
	满汉全席	55
	满族	5/53~55
	毛南族	5/21
	门巴族	5
	蒙古族	5/8/47~49/53/57/67/81/88
	蒙古族长调	49
	苗族	5/59~61/78/84/85/88
	民族区域自治	67~70
	民族乡	71
	民族自治地方	67/68/70
	蘑菇房	31
	抹黑脸	35
	木卡姆	45/46
	仫佬族	5/21

音序	关键词	页码
M	穆斯林	56/57
N	那达慕	48
	纳西古乐	33
	纳西族	5/32/33/36/85
	男儿三艺	48
	内蒙古	47/50/67
	怒族	5/37
P	排湾人	63
	琵琶歌	25
	泼水节	28
	普米族	5/37
	普通话	8/9/54
Q	旗袍	54
	乾隆皇帝	55
	羌族	5/83/84
	秦始皇	19
	清朝	53~55
	青藏高原	38~43
R	人口基数	4

音序	关键词	页码
R	人口密度	1
	人口普查	2/12
	人口素质	3
S	撒拉族	5
	馓子	58
	畲族	5
	十月太阳历	34
	涮羊肉	55
	水稻	19/29~31
	水族	5
	丝绸之路	43/44/56/57
	四大发明	18
	松赞干布	42
T	塔吉克族	5/82
	塔塔尔族	5
	台湾岛	62/63
	泰雅人	63
	汤因比	43/44
	特鲁多	71/72
	梯田	30

音序	关键词	页码
T	天主教	10/11
	土家族	5/82
	土族	5
W	佤族	5/37
	维吾尔族	5/8/45/46/57/69/77
	文成公主	42
	文面	63
	乌孜别克族	5
X	锡伯族	5/69
	西域	43/44
	西藏	41/42/67/70
	香格里拉	38/39
	新疆	43~47/69/77
	绣球	21
	驯鹿	50
Y	瑶族	5/78
	伊斯兰教	10/11/45/57
	彝族	5/34/35/70/80/84

93 ●关键词索引

音序	关键词	页码
Y	油香	58
	裕固族	5
	元朝	42/47
	云贵高原	22/26
	云南	6/27/29/32/34/36/37/39/75
Z	藏传佛教	10/39/40/41/81
	藏族	5/9/38~40/42/49/57/81/83

音序	关键词	页码
Z	中华民族	54/65/66
	中央民族大学	71
	竹楼	27
	壮族	5/7/9/19~22/24/56/70/80/83
	自治区	19/22/47/70
	自治县	70
	自治州	39/70

meet
China

透过文化细节，认识真实中国